DÉCOUVERTE ET DÉMONSTRATION

DE LA

SIMILITUDE DES GAMMES

OU

LES PHYSICIENS MIS D'ACCORD

AVEC LES MUSICIENS AU SUJET DE LA THÉORIE DE LA MUSIQUE

AVEC UN DESSIN EXPLICATIF COLORIÉ PERMETTANT
DE COMPARER LES DIFFÉRENTES GAMMES MAJEURES ET MINEURES ENTRE ELLES
ET L'ACCORD DU PIANO,
ET DE SAISIR FACILEMENT TOUTES LES MODULATIONS.

PAR L. DURAND,

Sous-Lieutenant au 27ᵉ de ligne.

> Hâtons-nous de dire que d'Alembert, le physicien Charles,
> MM. de Proney, Savart et quelques autres savants ont avoué
> qu'il était possible que des faits *inconnus* jusqu'ici renversent
> l'édifice des calculs qu'on a cru exacts, et que la théorie des
> véritables rapports des intervalles musicaux est encore à faire.
> FÉTIS,
> de la Musique à la portée de tout le monde.

PRIX : 3 fr. 50.

PARIS
CHEZ L'AUTEUR, RUE DE LANCRY, 38.
—
1864.

I. Production et perception du son. — II. Manières dont ont été figurées et étudiées jusqu'aujourd'hui les différentes relations des sons entre eux. — III. C'est à tort qu'on n'a point rendu les raisonnements sensibles par des figures, puisqu'on le pouvait. Erreurs qui se sont introduites dans l'observation des longueurs harmoniques des cordes vibrantes et de leurs causes. — IV. Conséquences de ces erreurs qui empêchent les physiciens de reconnaître la *similitude* des gammes dans les différents tons. — V. Les musiciens repoussent d'instinct et sans pouvoir discuter, la théorie des physiciens, qu'ils sentent pratiquement inapplicable, soit sur les cordes vibrantes, soit sur les différents instruments en usage. — VI. Services immenses qui peuvent être rendus aussi bien à la musique instrumentale que vocale par la *figuration* très-simple des lois de la musique. — VII. Conclusions.

CHAPITRE I.

PRODUCTION ET PERCEPTION DU SON.

Le son est produit par la vibration des molécules des corps élastiques. Tout le monde sait que quand on frappe un corps, ses différentes parties, rapprochées par le choc, tendent à reprendre leur position première. Il y a donc une succession de rétrécissements et de dilatations, ou, en résumé, un changement continuel de volume, pendant toute la durée des vibrations du corps considéré.

Quand on touche un corps en train de vibrer, on éprouve une sensation particulière qui fait comprendre le fait avancé plus haut.

L'air et les corps environnants transmettent les vibrations des corps sonores à notre individu tout entier; elles agissent donc mécaniquement sur notre être en général et plus particulièrement encore sur une sorte de tambour, placé dans l'oreille, nommé tympan. On peut voir par expérience, que les membranes tendues vibrent plus facilement que tous les autres corps.

Pour qu'il y *ait son*, il faut donc : un corps mis en vibration et une oreille pour percevoir la sensation produite.

Comme il y a une multitude de corps différents, on peut se demander si tous vont produire des sons distincts et sans analogie entre eux.

J'emploierai, pour faciliter les études qui suivent, des comparaisons tirées de la peinture.

L'analogie entre la couleur et le son a frappé un grand nombre de personnes ; aussi peut-on se servir des lois mieux connues de l'une pour expliquer celles si obscures de l'autre.

Il suffit de regarder au milieu de la campagne, pour apercevoir une multitude infinie de couleurs différentes, peu d'objets ont absolument la même teinte.

Cette variété de la nature est inimitable, et cependant les peintres font des tableaux.

Pour cela, ils ont remarqué que les couleurs n'étaient pas sans analogie entre elles ; ils ont dit que les forêts sont vertes, le ciel bleu, etc.

Ils ont donc rangé les couleurs par catégories ; de là les couleurs *principales* et leurs nuances.

Quand la science de l'optique a été plus avancée, il est arrivé qu'en décomposant la lumière au moyen du prisme, on a obtenu une succession de couleurs imitant l'arc-en-ciel. Ces couleurs se succèdent dans un ordre régulier, toujours le même et dans des proportions égales ; c'est ainsi qu'on a pu les figurer sur un tableau. A sa vue, il est facile de remarquer que l'on passe d'une couleur à l'autre par des nuances insensibles.

On a donc trouvé sept couleurs primitives dans la lumière, on les a nommées aussi *premières* ou *principales*, c'est : violet, indigo, bleu, vert, jaune, orangé, rouge.

Il suffit d'écouter, pour entendre une multitude de sons, qui se produisent dans la nature. — Les musiciens ont senti, comme les peintres, que ces sons n'étaient point sans analogie entre eux, et comme ces derniers, ils ont cherché à les reproduire.

Aussi, pour les reconnaître et les distinguer, leur ont-ils donné des noms.

De même qu'avant d'apprendre la peinture, il faut apprendre à reconnaître les couleurs primitives entre elles et à les nommer, de même, avant d'apprendre la musique, il faut reconnaître les sons principaux et les nommer.

Plusieurs enfants confondent pendant longtemps une couleur avec une autre; de même, bien des personnes ne peuvent pas, dans l'origine, distinguer ni nommer deux sons voisins. Les personnes plus exercées distinguent et nomment les nuances des couleurs; de même, les musiciens distinguent, suivant leurs aptitudes, les nuances des sons.

Mais quand la science de l'acoustique a progressé, on a vu que ces catégories de sons n'avaient point été faites au hasard; et à l'audition d'un son grave, on reconnut même simplement avec l'oreille et sans le secours d'aucun instrument, que ce son qui, tout d'abord paraissait unique, était la *réunion de plusieurs sons co-existants.*

On voulut savoir les relations du son produit et de ceux entendus en même temps et paraissant venir du même corps.

Pour cela on se mit dans des conditions particulières d'observation.

On remarqua, par exemple, que plus une corde est longue, plus ses sons (dits harmoniques) se distinguent facilement du son fondamental.

Aussi expérimenta-t-on sur des cordes d'une certaine longueur.

On entendit, en effet, assez distinctement, deux, trois et même quatre sons co-existants, que l'on nomma: octave, dominant, médiant, sous-sensible, etc.

Il résulta de cette expérience que, comme pour la lumière, on dit: que les sons, composant le son fondamental, étaient dans des proportions déterminées avec ce son fondamental ou tonique.

On vit, en observant toujours la même corde que : les sons harmoniques sont produits par des longueurs ou bandes de matières vibrant d'un mouvement particulier en même temps qu'elles participent au mouvement général, et l'on dit que l'octave est produite par *les moitiés* de la corde.

Pour vérifier ce fait, on faisait placer le doigt de l'observateur vers le milieu de la corde en vibration ; il l'approchait ensuite doucement du ventre formé, visible à l'œil nu ; aussitôt ce ventre touché, la vibration principale s'arrête, le son fondamental ne s'entend plus, et l'on ne perçoit qu'un son beaucoup moins intense.— De plus, on voit chacune des deux moitiés de la corde vibrer pour son compte, en produisant à l'unisson le son octave.

On remarqua : qu'en plaçant son doigt de la même façon et successivement à chacun des 1/3 de la corde, on faisait aussi *taire* le son principal et on n'entendait qu'un son très-affaibli, qu'on distinguait facilement pour être *le même* que l'un des sons qu'on entendait en même temps que le son fondamental.

On nomma ce son *dominant*, parce qu'après l'octave, il domine pour ainsi dire les autres sons harmoniques, qui sont très-faibles.

On fit la même observation pour les 1|5 de la corde et pour ses 1|4. Il faut observer toutefois que : les longueurs qui produisent les sons harmoniques, devenant de plus en plus petites, ces sons deviennent aussi de moins en moins intenses. Donc il est de plus en plus difficile de les distinguer du son fondamental et des autres sons harmoniques plus intenses, qui *parlent* en même temps.

On entendit bien encore d'autres sons harmoniques très-faibles et diminuant de plus en plus d'intensité ; on se demanda qu'elles étaient les longueurs de cordes, ou mieux, les bandes de matière vibrante, qui engendraient ces sons, ou en un mot, dans quelle proportion leurs longueurs ou leurs nombres de vibrations étaient avec la tonique.

Généralement, cette expérience se fait dans les cabinets de physique sur un instrument nommé monocorde ; on opère par le pincement de la corde avec le doigt, et *à l'oreille* on prend l'unisson avec la sirène des sons harmoniques qu'on entend ou qu'on croit entendre. C'est ainsi que l'on détermine les longueurs correspondantes. Mais les derniers sons harmoniques étant très-peu intenses et fournis par des longueurs de cordes très-petites, il n'est pas étonnant, qu'avec des moyens aussi imparfaits d'observation, on soit arrivé à commettre des erreurs dans leur juste estimation.

C'est probablement l'inexactitude du calcul des deux dernières longueurs harmoniques, et particulièrement de la *sensible*, qui a empêché jusqu'aujourd'hui de reconnaître la *similitude des gammes*, qui du reste est vraie dans *tous les cas*, quand bien même les longueurs seraient différentes de celles que je vais chercher à obtenir.

On aurait dû remarquer, et peut-être quelques-uns l'ont fait (car je dois dire une fois pour toutes que je parle des expériences les plus connues qui sont décrites dans le peu de livres que j'ai pu trouver), on aurait dû remarquer, qu'en outre les harmoniques se distinguent d'autant mieux à l'oreille que la corde est plus tendue. Les cordes en métal, laiton ou acier, rendent bien mieux les harmoniques que celles en boyaux, parce qu'elles sont plus homogènes dans toutes leurs parties. Il faut aussi faire ces observations en mettant la corde en vibration avec un *archet* et non avec le doigt. Avec un archet, il est facile de saisir les nuances produites par les moindres variations de la longueur de la corde; c'est ainsi que l'oreille la moins exercée peut distinguer la différence de sons produits par deux longueurs ne différant entre elles que d'un ou deux millimètres, au lieu qu'avec le pincement il n'en est point ainsi. Il faut, du reste, pour vérifier les observations qui vont suivre, expérimenter sur une corde dont la tension ne varie pas pendant toute la durée de l'expérience.

C'est ce qui n'arriverait point pour une corde placée sur un violon ou violoncelle; car si pour vérifier, par exemple, la longueur de l'octave, qui se trouve toujours au milieu de la corde, on plaçait le doigt *exactement* au milieu de cette corde et qu'appuyant ensuite fortement le doigt dessus, de manière à lui faire toucher le manche de l'instrument, on aurait évidemment un *son plus aigu* que l'octave juste; car on opère une véritable *tension* sur la deuxième moitié de la corde, qui est située entre le doigt et le chevalet.

On comprend donc facilement que si l'on voulait marquer le point où l'on doit appuyer la corde sur le manche de l'instrument pour produire l'octave, il faudrait faire une *correction de tension*; correction d'autant plus considérable que l'angle formé par la corde et le manche de l'instrument serait plus grand.

On voit donc que : ce point serait marqué sur le manche, un peu en arrière du milieu de la corde, d'une grandeur que l'on peut déterminer expérimentalement.

Cette simple remarque suffit pour noter d'une façon très-exacte sur les différents manches d'instruments, les points où l'on doit appuyer la corde pour produire les différentes gammes.

Donc il faut opérer sur une corde qui ne doit éprouver de tension variable dans aucune de ses parties pendant tout le cours de l'expérience.

Pour cela on peut prendre une corde en laiton ou en acier fortement tendue sur une caisse analogue à celle du sonomètre. On la fait vibrer avec un archet, qu'on tient de la main droite. Les sons harmoniques principaux se distinguent facilement quand la corde a une certaine longueur; on entend peu ou point les sons harmoniques éloignés.

On fait aisément ressortir les sons harmoniques en plaçant son doigt à la 1/2, au 1/3, au 1/4 et au 1/5 de la corde et l'on vérifie aisément l'identité des sons produits en même temps que le son tonique et ceux fournis ensuite par ses fractions. C'est ainsi qu'en mettant son doigt au premier 1/3 de la corde, puis au deuxième 1/3 on entend des sons parfaitement identiques entre eux et le son dominant.

Mais pour les sons harmoniques, fournis par des longueurs plus petites, il est difficile de les apprécier; le moindre déplacement du doigt fait entendre une multitude de sons qu'il est difficile de comparer entre eux.

Donc par ce moyen, la longueur qui fournit la seconde et plus particulièrement encore celle qui fournit la *sensible* ne peuvent être appréciées au juste.

D'un autre côté, si l'on saisit la corde entre le pouce et l'index de la main gauche et qu'on promène ces deux doigts d'un bout de la corde à l'autre, tandis qu'elle vibre, on entend passer successivement différents sons harmoniques et dans la partie de la corde voisine de l'archet; particulièrement sur les cordes en acier très-tendues, on entend une série de notes qui se succèdent très-vite et qui ne sont pas autre chose que les *notes de la gamme*.

Il faut en conclure que quand une corde *vibre* elle se divise en une infinité de parties, qui produisent des sons diminuant d'intensité. La série des sons que l'on entend le mieux, forment les sons *principaux* du son fondamental. En résumé, quand une corde vibre on *entend sa gamme*.

Donc, comme pour la lumière, le son se décompose en ses sons composants principaux.

C'est ainsi qu'on a pu dire que le son fondamental se compose : de sa seconde, de sa tierce, de sa quarte, de sa quinte, de sa sous-sensible, de sa sensible et de son octave; et que ces sons se répètent à l'infini dans la série infinie des octaves.

Donc le son se décompose comme la lumière en sons principaux que l'on nomme *gamme*. C'est ainsi que l'on apprend d'abord à distinguer entre eux, et à nommer les différents sons premiers.

Plusieurs personnes confondent pendant longtemps certains sons; d'autres ne peuvent parvenir à distinguer les nuances.

CHAPITRE II.

MANIÈRES DONT ONT ÉTÉ FIGURÉES ET ÉTUDIÉES JUSQU'AUJOURD'HUI
LES DIFFÉRENTES RELATIONS DES SONS ENTRE EUX.

Il fallait, par analogie avec ce qui s'est fait pour les couleurs du spectre, *figurer* sur un tableau les différents rapports des sons principaux entre eux. Or, comme les sons sont produits par les vibrations de la matière, et que leur acuité est d'autant plus grande que le nombre des vibrations dans le même temps est plus considérable, on eut l'idée de figurer ces rapports, par le nombre même des vibrations qu'exécute le corps, cause productrice du son.

C'est ainsi que l'on dit que : le son fondamental étant pris pour unité, les sons principaux deviennent 2, 9/8, 5/4, 4/3, 3/2, 5/3, 15/8. C'est-à-dire qu'ils exécutent le double, les 9/8, etc., du nombre de vibrations dans le même temps.

Mais on remarqua en outre que les longueurs de cordes sont d'autant plus grandes que le son est plus grave, et d'autant plus petites qu'il est plus aigu.

C'est ce qui fit dire que les longueurs de cordes sont en *raison inverse* du nombre des vibrations.

Donc, tout ce qui est vrai pour les variations de longueurs de cordes est encore vrai pour les nombres de vibrations.

Cette simple remarque nous permettra de rendre sensible *sur une figure* toutes les lois de la musique.

Mais avant d'en arriver là, voyons quels ont été les nombres de vibrations donnés par les physiciens aux sons principaux, ou en d'autres termes, quelles sont les différentes longueurs de la même corde qui fournissent les sons principaux de cette tonique.

CHAPITRE III.

ERREURS QUI SE SONT INTRODUITES DANS L'OBSERVATION DES LONGUEURS HARMONIQUES DES CORDES VIBRANTES ET DE LEURS CAUSES.

Les cours de physique nous donnent comme longueurs produisant la gamme :

Ut, Ré, Mi, Fa, Sol, La, Si.
1, 8/9, 4/5, 3/4, 2/3, 3/5, 8/15

Or, si nous marquons à l'encre, ou par tout autre moyen, sur notre corde, les points 8/9, 4/5, etc., ces longueurs successives devront reproduire la gamme chantée par tout le monde.

Pour vérifier cette loi, nous saisirons entre le pouce et l'index la corde décrite plus haut, et sans opérer de tension, nous ferons vibrer successivement son unité, puis ses 8/9, etc.

Nous aurons donc produit la gamme des physiciens.

Mais maintenant écoutons une masse chorale quelconque chanter la gamme et prenons successivement l'unisson de chacune des notes produites par elle, en observant toutefois de mettre notre tonique à la hauteur de la sienne, au moyen du chevalet mobile.

Marquons avec une autre encre les résultats obtenus.

Nous voyons de suite qu'il y a concordance entre la presque totalité des points à l'exception de la seconde Ré et de la sensible Si, qui est *très-sensiblement* différente de celle chantée par cette masse de musiciens. Cette première remarque expérimentale doit nous faire *réfléchir*; il faut ou bien que la masse fausse la gamme dite naturelle, parce qu'elle se trouve partout dans la nature, dans le vent comme dans le bruit des eaux, ou enfin que le point désigné par les physiciens, comme la sensible du ton dans lequel nous nous trouvons, soit *inexacte*.

Plaçons maintenant parallèlement à la corde décrite plus haut, un corps qui se dilate proportionnellement comme une bande de caoutchouc, par exemple, retenue d'un côte au chevalet fixe et attachée de l'autre au chevalet mobile. Marquons le milieu de la longueur de la corde sur le caoutchouc ainsi que les 8/9, 4/5, 3/4, 2/3, 3/5, 8/15, etc.

Si maintenant nous changeons de tonique en allongeant ou en raccourcissant la corde au moyen du chevalet mobile, la moitié, les 8/9, 4/5, 3/4, 2/3, 3/5, 8/15, etc. de la nouvelle corde seront toujours indiqués par les différents points marqués sur le ruban de caoutchouc qui se sera dilaté ou rétréci. Les points de la gamme de la nouvelle corde seront donc de suite indiqués, et si la masse chorale prend la nouvelle tonique que nous lui fournissons, et qu'elle monte la gamme sans rien changer à son habitude, nous remarquerons toujours la même différence proportionnnelle pour la sensible.

Il est évident que le calcul des points nouveaux aurait pu remplacer avec avantage les longueurs fournies par le caoutchouc.

Nous voilà de nouveau conduits à douter des nombres donnés par les physiciens, pour la longueur de la sensible et de la seconde.

Il faut reconnaître encore que : les différentes masses chorales et les instrumentistes, sur lesquels nous expérimentons, rendent mal la sensible et le Ré et que tous l'altèrent d'une quantité proportionnelle dans tous les tons, et que de plus ils font cet intervalle plus petit que celui des physiciens.

On voit en outre, en réfléchissant à l'expérience décrite, que les points, indiqués sur la bande de caoutchouc, sont continuellement dans la *même relation* avec la longueur totale, que l'on peut faire varier comme l'on veut, au moyen du chevalet mobile.

Donc, pour faire une gamme sur une corde donnée, il suffit de diviser la corde proposée en ses 1/2, 1/4, 1/5, etc., c'est-à-dire qu'il faut la diviser *semblablement* à ces différents rapports et quelle que soit la division admise, toutes les gammes sont dites *semblables* dans leurs proportions composantes.

Donc jouer une gamme successivement dans différents tons, c'est faire un air *semblable dans toutes ses parties* à l'air précédent. Il n'y a donc pas d'*identité* possible entre deux gammes, à moins que leurs toniques ne soient égales.

Ici l'analogie se continue d'une manière frappante entre la peinture et la musique ; quand on a obtenu une figure dans une grandeur déterminée, rien n'empêche d'en faire une réduction ou un *grandissement*. C'est ainsi qu'après avoir dessiné ou photographié une tête, on en prend des réductions ou des grandissements. Donc jouer le même air successivement dans tous les tons, c'est comme faire le portrait de la même personne dans toutes les grandeurs.

De même qu'à l'infiniment petit le portrait se réduit à un point, de même la gamme se réduit à un point de la corde, qui devient indivisible pour nos organes.

CHAPITRE IV.

CONSÉQUENCES DE CES ERREURS QUI EMPÊCHENT LES PHYSICIENS DE RECONNAITRE LA SIMILITUDE DES GAMMES DANS LES DIFFÉRENTS TONS.

On peut figurer la corde et ses divisions premières sur le papier ainsi que la succession infinie de ses différentes octaves ; et l'on voit d'après ce qui a été dit au sujet des nombres de vibrations, que les différentes longueurs varieront à l'inverse de ces nombres. Donc tout ce qui sera vrai pour les uns, sera également vrai pour les autres.

Soit donc une corde d'un mètre (voir la figure), le calcul nous dit : son octave sera à $0^m 50$, sa quarte à $0^m 25$, etc., enfin tous ses points peuvent être trouvés puisque ce sont des fractions connues d'un mètre.

La construction graphique nous permet également de déterminer sa 1/2 et ses différents fractionnements. Donc, on peut voir sur le dessin les points où il faudra saisir la corde avec le pouce et l'index pour lui faire produire avec l'archet les sons principaux de sa gamme.

C'est ainsi que l'on voit que la tonique est fournie par la longueur 1 mètre, l'octave par la longueur $0^m 50$, etc.

Ou qu'on obtient les sons Mi, Sol, en raccourcissant la corde de son 1/5 ou de son 1/4. Après avoir dépassé le milieu de la corde, on voit que : la distance qui sépare le nouveau Sol 2 obtenu dans la deuxième octave du point Ut 2, est la 1/2 de la distance Ut 1, Sol 1 de l'octave grave ; ainsi des autres.

Donc, à l'octave, tous les intervalles ont subi une *réduction de moitié*.

Il suffit, comme on le voit, de calculer les longueurs de cordes pour l'octave grave, de prendre la 1/2 de chacun des intervalles et de les porter à partir de l'octave, pour *avoir tous les points harmoniques de la corde*, c'est-à-dire tous les points qui produisent des sons de sa gamme. C'est ainsi que l'on peut dire que : pour qu'un son fasse partie d'une gamme, il faut qu'il soit *dans un des rapports déterminés* avec la tonique de cette gamme; autrement il est étranger.

De là, les notes *accidentelles* ou nuances qui conduisent à la *modulation*, comme il sera dit plus loin.

Si maintenant nous prenons une corde *complètement identique sous tous les rapports* avec la première, mais d'une longueur moindre Ut 1, Ré 1, nous avons une nouvelle tonique qui produira *absolument le même effet* que la portion Ré 1 H de la corde Ut 1 H.

Pour ne pas jeter de confusion dans le dessin, traçons à angle droit une ligne HK, divisons cette nouvelle ligne à partir de l'origine H, comme nous l'avons fait pour la ligne Ut 1 H à partir de l'origine Ut 1, et menons par le point Ré la parallèle Ré, Ré.

La corde obtenue sera identique à la portion de corde Ré 1 H, prise sur la 1re corde Ut 1 H, et tout ce qui sera démontré pour l'une le sera pour l'autre. Si l'on divise par le calcul cette corde Ré, Ré en ses 1/2, 1/4, 1/5, etc., on aura les points de la gamme de Ré. C'est ainsi que l'on pourra marquer son octave et les autres points principaux.

Il en serait de même pour une corde Mi, Fa, Sol, La, Si, etc.

Les milieux de toutes ces cordes étant trouvés graphiquement, j'applique une règle qui passe par deux de ces points, je vois de suite qu'ils *sont tous en ligne droite* et que la ligne prolongée va passer par le point Ut 2 et par l'extrémité K de la ligne HK égale à Ut 1 H.

Je vois de plus qu'en joignant Ut 1 avec K j'obtiens un triangle rectangle et isocèle dont la ligne Ut 1 K est l'hypoténuse.

J'observe de même qu'en joignant les points Ré 1, Mi 1, Fa 1, etc., etc., de la corde Ut 1 H avec le sommet K, toutes ces lignes passent par les points harmoniques des cordes Ré Ré, Mi Mi, etc. : c'est-à-dire qu'elles viennent marquer les différents points où il faut placer son doigt pour produire la seconde, la tierce, la quarte, etc., de chacun des tons Ré, Mi, etc., etc.

Donc, si l'on veut jouer une gamme en Ré sur la corde Ut 1 H, il faudra successivement saisir la corde au point Ré 1, puis en un point situé *à la hauteur du Mi du ton Ré*, etc.

Mais on voit déjà à la simple inspection de la figure qu'il n'y a point de correspondance entre la seconde du ton de Ré et la tierce du ton d'Ut, en un mot que les deux Mi n'ont point la même hauteur ou le même nombre de vibrations.

On voit aussi sur la figure que toutes les gammes subissent dans toutes leurs différentes parties, une *réduction proportionnelle* à mesure qu'elles s'éloignent de la tonique Ut 1 et qu'à l'infini toute la gamme est contenue dans un point K.

On voit de même que, quand la corde est très-petite, nos doigts ne peuvent plus la diviser en parties assez petites, par conséquent on n'en peut faire sortir la gamme.

Des airs joués dans cette région produiraient un effet microscopique; c'est-à-dire que les traits principaux seraient difficilement saisis.

On voit donc que *le même air* peut-être successivement reproduit dans toutes les grandeurs; il suffit pour cela de faire varier la longueur de sa tonique. Il devient infiniment grand dans ses proportions si cette longueur de corde est très-grande, infiniment petit si elle est très-petite.

On conçoit ainsi que nos organes *étant finis* ne peuvent saisir que les *intermédiaires*; telle une figure très-petite ne peut-être vue qu'à la loupe, ou une statue très-grande manque son effet d'ensemble, si elle n'est point placée à la hauteur pour laquelle l'artiste l'a construite. On voit par cela : qu'un chant étant composé, sa reproduction dans des tons différents ne saurait produire sur l'oreille des effets *complètement identiques*, comme l'ont prétendu quelques-uns. Ce sont des *effets similaires*, et le ton dans lequel un air doit être chanté n'est pas plus indifférent, que la grandeur qu'a choisie le peintre pour les dimensions de son tableau.

Les réductions en dessin, comme en musique, ne sauraient produire complètement l'impression de l'objet ; il est donc important de respecter le ton dans lequel un morceau a été composé. On ne le modifie, pour se rendre compte de l'air, que quand la nécessité oblige à le faire. Tout le monde sait que le même air chanté par un soprano ou par une basse taille ne produit pas le même effet. C'est absolument comme si un tableau composé pour la miniature était grandi dans toutes ses proportions.

CHAPITRE V.

LES MUSICIENS REPOUSSENT D'INSTINCT ET SANS POUVOIR DISCUTER LA THÉORIE DES PHYSICIENS QU'ILS SENTENT PRATIQUEMENT INAPPLICABLE, SOIT SUR LES CORDES VIBRANTES, SOIT SUR LES DIFFÉRENTS INSTRUMENTS EN USAGE.

Pourquoi, se demande-t-on maintenant, cette loi si simple de la similitude des gammes n'a-t-elle point été trouvée depuis longtemps ? — Il y a bien des raisons à donner.

Les observations sur les corps vibrants sont généralement faites par des physiciens peu versés dans la musique. Ces lois, une fois posées, sont vérifiées et appliquées par les musiciens peu versés dans la physique; ils n'ont pu jusqu'aujourd'hui dire aux physiciens où était le défaut de leur raisonnement. Les musiciens se sont bornés à déclarer : que dans la pratique ils n'appliquent point les lois de la physique, parce qu'ils les trouvent inapplicables et avec raison.

D'Alembert a constaté ce dissentiment sans l'expliquer.

M. Fétis, dans son remarquable travail, pose nettement la question, il explique le déplacement des notes successives dans les différents tons et les points de non concordance par l'*attraction*. Il dit : telle note attire telle autre.

Le résultat est vrai comme on peut le vérifier sur la figure c, a, d, que le Mi du ton de Ré est plus haut que celui du ton d'Ut et que Ré bémol est plus bas qu'Ut dièse.

Le fait est exact, mais la loi est plus simple en ce qu'il faut simplement que la longueur Ré 1, Mi 1, subisse une réduction pour figurer dans le ton de Ré, et que le 1/8 de la longueur Ré Ré ne saurait coïncider avec le 1/5 de la corde Ut 1 H. Ce que le calcul, comme la construction graphique, peut vérifier. Cela tient à la *similitude* des gammes Ut et Ré et à la réduction proportionnelle de 1/8 qu'a subie la longueur Ré 1 Mi 1, en allant du ton d'Ut au ton de Ré.

Les physiciens peu versés dans la musique ne se sont pas préoccupés de ce qu'on nomme la *modulation c, a, d*, le passage d'une gamme d'un ton dans celle d'un autre ton, au moyen des sons correspondants ou identiques dans les deux gammes.

Ayant observé les nombres de vibrations des différentes fractions de leur gamme, ils ont vu qu'à l'octave les nombres de vibrations *sont doublés*, et, sans faire attention au nombre 2 qui est en même temps *somme et produit*, ils ont dit que, pour avoir les nombres de vibrations de l'octave, il suffisait d'ajouter les nombres de vibrations trouvés à eux-mêmes, ce qui est exact pour ce cas particulier. Puis, faisant de cela une loi générale, ils ont dit : que pour avoir les nombres de vibrations des harmoniques de la gamme de Ré il suffisait d'ajouter à Ré la différence Ut 1 Ré 1.

C'est ainsi qu'ils n'ont pu constater aucune loi régulière de succession dans les intervalles des différents tons. Loin de là, à chaque instant, ils ont certaines notes qui forment avec la loi qu'ils *se posent*, ce qu'ils nomment des *perturbations*.

Puis, s'appuyant sur les gammes tempérées, qui sont celles du piano et qu'ils prennent pour terme de comparaison, ils remarquent des divergences beaucoup plus considérables entre les notes de cet instrument et la gamme naturelle, qu'entre leurs notes perturbées et les points de la même gamme. Ils s'autorisent de cette inexactitude pour se croire dans le vrai.

Il est utile de savoir que le piano ne donne pas de gammes *justes*, et cela par la raison très-simple qu'il lui faudrait une infinité de cordes et de touches correspondantes. — Il ne donne que des gammes moyennes ou approchées des gammes justes. C'est ainsi que l'on peut dire qu'un air joué sur le piano est une approximation de l'air proposé.

La gamme tempérée la plus répandue est celle qui partage l'octave Ut 1 Ut 2 en douze parties égales, comme il est indiqué en A, B, C, D, etc. — On conçoit qu'en répétant sur cet instrument le même air sur plusieurs tons différents, il y en ait un où les sons de sa gamme seront plus voisins que dans les autres de la gamme naturelle. C'est alors que l'on dira que tel air va bien dans tel ton sur le piano et que tel autre ton ne saurait lui convenir sur le même instrument. La théorie mathématique ne saurait, comme on le voit, se contenter d'une approximation aussi vague. Loin de là, ce sont toujours les lois les plus exactes qui sont les plus simples à saisir.

CHAPITRE VI.

SERVICES IMMENSES, QUI PEUVENT ÊTRE RENDUS AUSSI BIEN A LA MUSIQUE INSTRUMENTALE QUE VOCALE, PAR LA *FIGURATION* TRÈS-SIMPLE DES LOIS DE LA MUSIQUE.

Personne, comme on le voit, jusqu'aujourd'hui n'a tiré un profit quelconque de la théorie des physiciens, ni pour les méthodes de chant, ni pour la construction ou le jeu des instruments.

Au contraire, tout le monde consulte les lois de l'optique, dans toutes les parties possibles et en tire un grand avantage, soit dans la perspective, les instruments de photographie, etc., etc.

C'est ce qui explique la véritable disette d'instruments de musique.

Promenez vous dans les Musées, comparez les collections d'instruments de musique à toutes les autres si complètes et si soignées, voyez le manque de classification, d'ordre et de méthode, et vous sentirez qu'il y a *là* une *cause manifeste* qui a *suspendu tout progrès*. On perfectionne les instruments dans le détail de leur mécanisme, pas dans *leur principe*.

Est-ce à dire que depuis trois cents ans la perfection est atteinte dans la construction de ces instruments? Je ne le pense pas.

Les lois de la physique inapplicables et regardées comme certaines, ont sans doute beaucoup contribué à cet état de choses.

Comment : puisque les harmoniques éloignés s'entendent peu et puisque nous avons signalé précisément une différence entre ce que les masses chantent et, ce que donne la physique ; comment, dis-je, pourrons-nous arriver à la détermination assurée des longueurs incertaines ? On peut observer, on le sait à la vue simple, ou avec des instruments d'optique la nature des mouvements vibratoires.

On fait aussi indiquer au corps vibrant l'amplitude et la forme de ses vibrations, en lui soudant avec de la cire à cacheter une petite barbe de plume, qui marque un dessin, sur un cylindre enduit de charbon.

D'autres expériences ont été faites dans le même sens par des procédés différents.

Je vais en indiquer une qui appartient à M. l'abbé Tihay, curé de la Vacheresse. Elle consiste à former une corde de très-grande longueur, composée de faisceaux d'un grand nombre de fils de métal très-minces, absolument comme l'on fait une corde avec la réunion de plusieurs fils.

On donne à cette corde la longueur de 9 ou 10 mètres, on la fait vibrer avec un archet court et préparé à cette intention.

La corde étant mise en vibration, on *n'entend pas de son,* il est trop grave pour être perçu par l'oreille et hors de ses limites ; mais on *voit* distinctement où sont formés les nœuds et les ventres de la corde.

C'est ainsi qu'il a déterminé les longueurs suivantes :

	Ut,	Ré,	Mi,	Fa,	Sol,	La,	Si,
Longueurs des physiciens :	1	8/9	4/5	3/4	2/3	3/5	8/15
Longueurs Tihay :	1	7/8	4/5	3/4	2/3	3/5	17/32

On voit que les longueurs seules du Ré et du Si diffèrent, le Ré d'une façon très-faible et le Si d'une façon très-forte.

Ce sont les longueurs de M. Tihay, qui sont sur la corde Ut 1 H. J'ai indiqué par un point noir l'endroit où tombent le Ré et le Si calculés par les physiciens.

On peut donc discuter sur la figure les différentes déductions qu'entraîne le choix de l'une et de l'autre de ces séries.

L'analogie entre les sept sons de la gamme et les sept **couleurs** primitives m'a conduit à représenter chacune des fonctions de la gamme par la couleur correspondante dans le spectre.

De cette manière, la ligne tonique est violette, la seconde indigo, la tierce bleue, la quinte jaune, la sixième orange, la septième ou sensible rouge.

Partout où passe la ligne jaune, on est sûr de rencontrer la quinte de la tonique qu'elle coupe. C'est ainsi que La est la quinte du ton de Ré, Si du ton de Mi, etc., etc.

Il en serait de même du rouge, qui désigne de suite toutes les sensibles.

On voit de plus que le faisceau Ut 1 K Ut 2 qui occupe une octave sur la corde Ut 1 H va en diminuant d'octaves en octaves, jusqu'à ce qu'à l'infini il se confonde avec la ligne K H.

Il suffit pour compléter la figure d'ajouter au signe de relation indiqué par la couleur un signe qui caractérise le rapport direct de chaque son avec la gamme d'Ut, prise pour terme de comparaison.

Pour cela, j'ai calculé *pour chaque gamme* la *cote* de chacun de ses différents points harmoniques, puis ramenant chacune de ces cotes à l'origine Ut 1, j'ai pu comparer numériquement tous les divers points entre eux.

Cela a donc été la *vérification* de la construction graphique.

C'est ainsi qu'on obtient :

Ton d'Ut. Cote Ut 1 = 0^m000 p. Ton de Ré et ainsi des autres.
  Id. Ré = 0^m125 Cote Ré = 0^m125
  Id. Mi = 0^m200 Id. Mi   = $0^m234375$
  Id. Fa = 0^m250 Id. Fa dièse = 0^m300
  Id. Sol = 0^m33333p. Id. Sol   = 0^m34375
  Id. La = 0^m40000 Id. La   = $0^m41666666$
  Id. Si = 0^m46875 Id. Si   = 0^m47500
  Id. Ut 2 = 0^m50 Id. Ut dièse = $0^m53515625$
  Id. Ré 2 = 0^m5625 Id. Ré 2 = 0^m5625

On peut remarquer exactement de combien le Mi du ton de Ré diffère de celui du ton d'Ut; en un mot on peut dire d'une façon certaine, quand deux sons ont exactement la même hauteur, bien qu'ils soient pris dans des tons différents.

Maintenant il se présente une question : donnera-t-on un nom nouveau à tous les points différents ? On voit que cela est tout-à-fait impossible à cause de leur infinité. C'est ainsi que la seconde du ton de Ré, bien que plus rapprochée par son nombre de vibrations du son Fa, pris dans la gamme d'Ut, conservera cependant le nom de Mi, afin de ne pas rompre la succession des noms des notes, ce qui permet dans la musique écrite de voir, d'un coup-d'œil, dans quel ton on est, ou dans quel ton on entre.

Si nous suivons la corde Sol dans toute sa longueur, nous voyons sur sa ligne sensible (rouge) un signe appelé *Fa dièse*.

Ce son, comme on peut le voir, est intermédiaire entre Fa et Sol. — Il forme sensible avec la tonique aiguë du ton, et sa grandeur Fa dièse Sol portée dans la gamme d'Ut en Sol 2 Fa dièse 2, me donne le Fa dièse accidentel de cette gamme.

On voit qu'en doublant cette longueur on a le Fa dièse de la première octave.

On a donc conservé le nom de Fa à ce son, pour que la succession des notes dans leur ordre subsiste, et *dièse* pour que l'exécutant soit averti de faire contre le Sol la sensible de ce ton.

Ainsi tous les dièses viennent successivement faire sensible avec les différentes notes de la gamme d'Ut prises pour toniques.

Le ton de Ré amène Ut dièse, celui de La Sol dièse, etc., etc. (vérifier sur la figure). Si l'on suit la corde de Fa on voit que le son Si, qui forme sa quarte ou sous-dominante, est intermédiaire et très-distant de celui du ton d'Ut. En ne le distinguant par aucun signe particulier, on s'exposerait à le chanter ou trop haut ou trop bas ; de plus, on n'aurait aucun indice de la tonalité. Aussi l'a-t-on nommé *Si bémol* afin d'avertir l'exécutant de le chanter comme sous-dominante du ton de Fa.

Tous les bémols sont donc sur la ligne sous-dominante (verte), comme on peut s'en assurer.

En portant la longueur La Si b. dans le ton d'Ut, on aura le bémol accidentel dans ce ton.

Il en est de même des autres bémols qui sont introduits dans la gamme en prenant successivement pour toniques : Si bémol, Mi bémol, etc., etc.

On voit encore : qu'après avoir pris pour toniques successivement toutes les notes naturelles de la gamme d'Ut et tous les différents bémols, on peut prendre pour fondamental un dièse comme Sol dièse, par exemple. Dans ce cas, il faut un nouveau signe pour caractériser la sensible. On a fait le double dièse. On voit par analogie ce qu'est le double bémol. Et ces grandeurs, toutes construites dans les différents tons et reportées sur la corde Ut 1 H, permettent de juger de la succession des nuances.

La figure nous montre comme le calcul que la gamme de Ré a deux sons *complètement identiques* avec les sons de même nom de la gamme d'Ut : ce sont ses deux octaves Ré 1, Ré 2. De plus, on peut faire entendre dans la gamme d'Ut le son intermédiaire ou nuance Ut dièse et l'on obtient ainsi trois sons identiques correspondants dans les deux gammes.

Donc, en faisant de nouvelles gammes sur les différentes longueurs, dans lesquelles se divise la corde type Ut 1 H, on obtient, dans ces nouvelles gammes, des sons qui sont identiques avec quelques-uns de ceux de la première.

D'un autre côté, en comparant les diverses cordes entre elles, on voit encore que plusieurs ont des points communs.

C'est ainsi que le La du ton de Mi et celui du ton de Fa sont à la même hauteur.

Les points communs sont dessinés, sur la figure, par de petits cercles noirs.

Donc il existe *certaines relations* entre les *différentes gammes entre elles*.

Ces relations servent à passer de l'une à l'autre dans le courant d'un chant.

Aller d'une gamme à une autre s'appelle *moduler*. On ne saute pas habituellement d'un ton dans un autre sans préparation, on amène la modulation.

La théorie si compliquée de la modulation, avec ses exceptions et ses licences, va devenir très-facile à comprendre sur la figure.

Voyez le ton de Sol : il a quatre points communs, ou quatre sons identiques avec le ton d'Ut, c'est-à-dire que Sol 1, Ut 2, Mi 2, Sol 2 ont identiquement les mêmes nombres de vibrations dans ces deux tons. De plus, la sensible du ton de Sol vient faire le Fa dièse dans la gamme d'Ut, et le son Si du ton de Sol est très-voisin du ton d'Ut.

Donc, si, jouant un air dans le ton d'Ut, j'exclus peu à peu les notes du ton d'Ut qui n'ont point d'identiques dans le ton de Sol, et que je fasse entendre au contraire les notes Sol 1, Ut 2, Mi 2 qui sont les mêmes que celles du ton de Sol, l'oreille ne saura bientôt plus reconnaître où elle se trouve.

Si maintenant, à la faveur d'un de ces sons identiques, je fais entendre un rapport voisin et peu différent comme le Si du ton de Sol, la modulation se sera effectuée sans brusquerie.

C'est la loi que l'on suit instinctivement dans la composition, non qu'on ne puisse l'enfreindre, parce que tous les effets sont dans la musique, comme dans la peinture, et que les discords contribuent à faire valoir les effets.

C'est ainsi que deux couleurs qui, prises isolément, jurent de se trouver ensemble, trouvent leur placement avantageux dans l'ensemble d'une composition.

On peut voir sur le dessin :

Que le ton de
$\begin{cases} \text{Ré} & \text{a} & 2 \\ \text{Mi} & — & 3 \\ \text{Fa} & — & 4 \\ \text{Sol} & — & 4 \\ \text{La} & — & 3 \\ \text{Si} & — & 2 \end{cases}$
correspondances avec le ton d'Ut.

Que de plus en faisant entendre la sensible du ton dans lequel on veut entrer, on augmente de un le nombre des coïncidences pour chacun de ces tons. C'est ainsi que le Si bémol met cinq sons identiques entre le ton d'Ut et celui de Fa.

Donc on peut dire d'une façon générale, car toutes les relations sont conservées :

Que la tonique a
- 2 points de correspondance avec sa seconde.
- 3 avec sa tierce.
- 4 avec sa quarte.
- 4 avec sa quinte.
- 3 avec sa sixième.
- 2 avec sa septième.

Et que l'on peut augmenter chacun de ces nombres d'un en faisant entendre la sensible ou la sous-dominante du ton dans lequel on veut entrer.

On pourrait aussi chercher les différentes relations des tons entre eux. On voit qu'en général ils offrent peu de sons identiques.

Pour cela on peut calculer en nombres toutes les cotes des points harmoniques des différentes cordes et voir ceux qui correspondent complètement. — Il faut bien observer, par exemple, au sujet de l'enchaînement des modulations que : si l'on a modulé d'Ut 1 à sa quinte Sol 1 et que l'on veuille continuer ainsi de quinte en quinte, que le Ré 2 du ton de Sol est *au-dessous* du Ré 2 du ton d'Ut; en conséquence, le Ré 2 quinte du ton de Sol aura bien quatre points de correspondance avec sa tonique Sol ; mais cette nouvelle gamme n'aura, comme on peut le voir par le calcul, que deux points communs avec la gamme d'Ut.

On sera donc obligé, pour revenir de la quinte Ré 2 du ton de Sol au ton d'Ut, de repasser par le ton de Sol, à moins toutefois qu'on ne veuille produire un des effets indiqués plus haut.

Il y a, bien entendu, d'autres routes de modulations à suivre qui pourraient ramener au même point par des voies différentes.

Je veux parler de la modulation au mineur. On se demande ce que c'est que la *gamme mineure* et comment elle est composée.

Bien des variantes de cette gamme ont été produites et elles ont toutes leur raison d'être, comme j'espère le montrer.

Pour plus de simplicité dans le raisonnement, je choisirai une des plus répandues, qui consiste à prendre pour type : La 1, Si 1,

Ut 2, Ré 2, Mi 2, Fa 2, Sol dièse 2, La 2 (voir la figure). Il est facile de comprendre que : certains musiciens, voulant produire des effets déterminés, choisissent dans les notes placées sur la corde Ut 1 H, *des séries de sons* avec lesquels ils composent leurs airs.

On a vu des peintres peindre aussi avec des gammes déterminées; les uns font leurs tableaux bleus, etc. ; Salvator Rosa affectionne certaines combinaisons de tons, qui se reproduisent dans presque tous ses tableaux.

Les couleurs employées sont toujours des combinaisons des couleurs primitives, mais *prises dans un ordre particulier.* C'est ainsi que les musiciens composent des airs tout entiers, avec la série des notes La 1, Si 1, Ut 2, Ré 2, Mi 2, Fa 2, Sol dièse 2, La 2. Ces airs ont nécessairement des intervalles particuliers à l'exclusion d'autres intervalles. C'est ainsi que l'on aperçoit dans cette série trois demi-tons ou secondes mineures. C'est une des raisons qui ont fait donner aux airs faits avec ces combinaisons le nom d'*airs mineurs*, et le nom de *gamme mineure* à la série des sons de la gamme ordinaire employés, à l'exclusion des autres, pour produire des effets particuliers. On comprend d'après cela que : des auteurs différents ont pu produire des airs mineurs dans ce que l'on a appelé des *gammes différentes*, comme les peintres ont peint dans des séries de couleurs primitives particulières.

Maintenant, comparons la série mineure La 1, Si 1, Ut 2, Ré 2, Mi 2, Fa 2, Sol dièse 2, La 2, à la gamme ordinaire Ut 1 H, sur laquelle elle se trouve inscrite.

Nous voyons que tous les points de ces deux gammes *correspondent* à l'exception du Sol 2 qui figure dans l'une et qui est remplacé dans l'autre par le Sol 2 dièse.

C'est ainsi que l'on dit que l'Ut 1 est le relatif mineur de La ou inversement, parce que tous les sons de La 1 mineur se trouvent dans la gamme de Ut 1.

On conçoit donc que, d'après ce qu'il a été dit, la modulation du majeur au mineur relatif *est facile*, puisqu'ils ont presque *tous leurs points correspondants.*

Maintenant il reste à comparer la gamme mineure de La 1, avec la gamme ordinaire de La 1, qu'on nomme *majeure*.

Sur la figure, la comparaison est très-facile ; on voit en suivant la corde La 1 à partir de son origine : que le son La 1 est identique dans les deux, le Si 1 de la gamme mineure est *au-dessous* du Si 1 de la gamme majeure. Il en est de même de la tierce Ut 1 et à l'exception d'une note Ré 2, qui est plus haute dans la mineure et d'une autre Mi 2, qui correspond dans les deux, toutes les notes de la gamme mineure de La sont *au-dessous* de celle de la gamme majeure de La 1, qu'on appelle son *majeur de même base*.

Donc, la figure qui est sur la corde La 1, nous montre d'une façon évidente le type de la comparaison d'une gamme mineure avec un majeure de même base.

Donc, il suffira de joindre les différents *points mineurs* sur la corde La 1, successivement avec le sommet K, de prolonger ces droites jusqu'à la ligne Ut 1 H, pour avoir sur la corde Ut 1 H et toutes les autres cordes, la division opérée par le type mineur. Toutes les notes sont *descendues* aux exceptions dites plus haut. C'est donc une raison de plus en faveur du nom de gamme mineure qui lui a été donné.

Toutes les cordes sont donc ainsi divisées en leur mineur de même base.

On voit de plus que le majeur et le mineur de même base n'ont que trois points identiques.

Donc, la modulation au mineur de même base se fera moins facilement qu'au mineur relatif.

On voit en outre que : l'on trouve facilement, sur la figure, le relatif mineur d'un ton majeur quelconque, en suivant la corde de cette gamme jusqu'à hauteur du La 1 (orangé) tonique mineure. C'est ainsi que l'on voit que le relatif mineur de Ré 1 majeur est Si 1, celui de Mi 1 Ut 1 dièse, etc., etc.

On peut entrevoir, d'après ce simple exposé, quelles sont les ressources immenses de variété qu'a la musique, puisque, par une multitude de voies différentes, on peut aller d'un ton à un autre, soit en prenant sa modulation à la quarte, à la quinte ou à un autre ton, soit en passant dans son mineur relatif ou de même base, etc.

Il est donc facile de saisir la théorie de la modulation au moyen des sons identiques dans les différentes gammes, sur le dessin qui montre leurs relations d'une manière évidente.

CONCLUSIONS.

On voit que le simple dessin de la corde vibrante nous a permis :

1°. De comparer entre elles les différentes longueurs qui fournissent la gamme de cette corde, avec la facilité de porter ces divisions sur les instruments en usage, tels que le violon, violoncelle, etc., au moyen de la correction de tension.

2°. D'indiquer et de comparer les intervalles calculés par les physiciens avec les nôtres.

3°. De construire d'un seul coup les gammes de toutes les modulations en faisant *voir leur similitude*, avec la possibilité de les comparer entre elles et de voir d'un coup d'œil les sons qui correspondent ou qui diffèrent.

4°. De fixer d'un seul coup la grandeur de tous les dièses et de tous les bémols en indiquant la manière dont ils viennent successivement s'inscrire dans la gamme d'Ut et le rôle qu'ils y jouent.

5°. De montrer ce que c'est que la gamme mineure, ou *les gammes mineures*, et de construire d'un seul coup les relatifs mineurs de toutes les gammes en même temps que leur mineur de même base.

6°. De montrer l'accord du piano.

Bien d'autres lois peuvent être déduites de la même façon par analogie avec ce qui a été dit. C'est ainsi que l'on pourrait figurer sur une véritable *carte topographique* les différentes routes de modulations, ce qui permettrait de juger immédiatement de toutes leurs relations.

On pourrait de même représenter les airs de musique par des courbes; mais le cadre que la nécessité m'impose ne me permet pas de m'étendre davantage, et je croirai avoir bien utilisé mon temps, si ce simple exposé permet à quelques-uns de saisir ce qu'ils n'avaient pu comprendre jusqu'aujourd'hui.

L. DURAND.

FIN.

De l'Imprimerie Bugnicourt, Deneuville et Ce, à Chauny (Aisne).

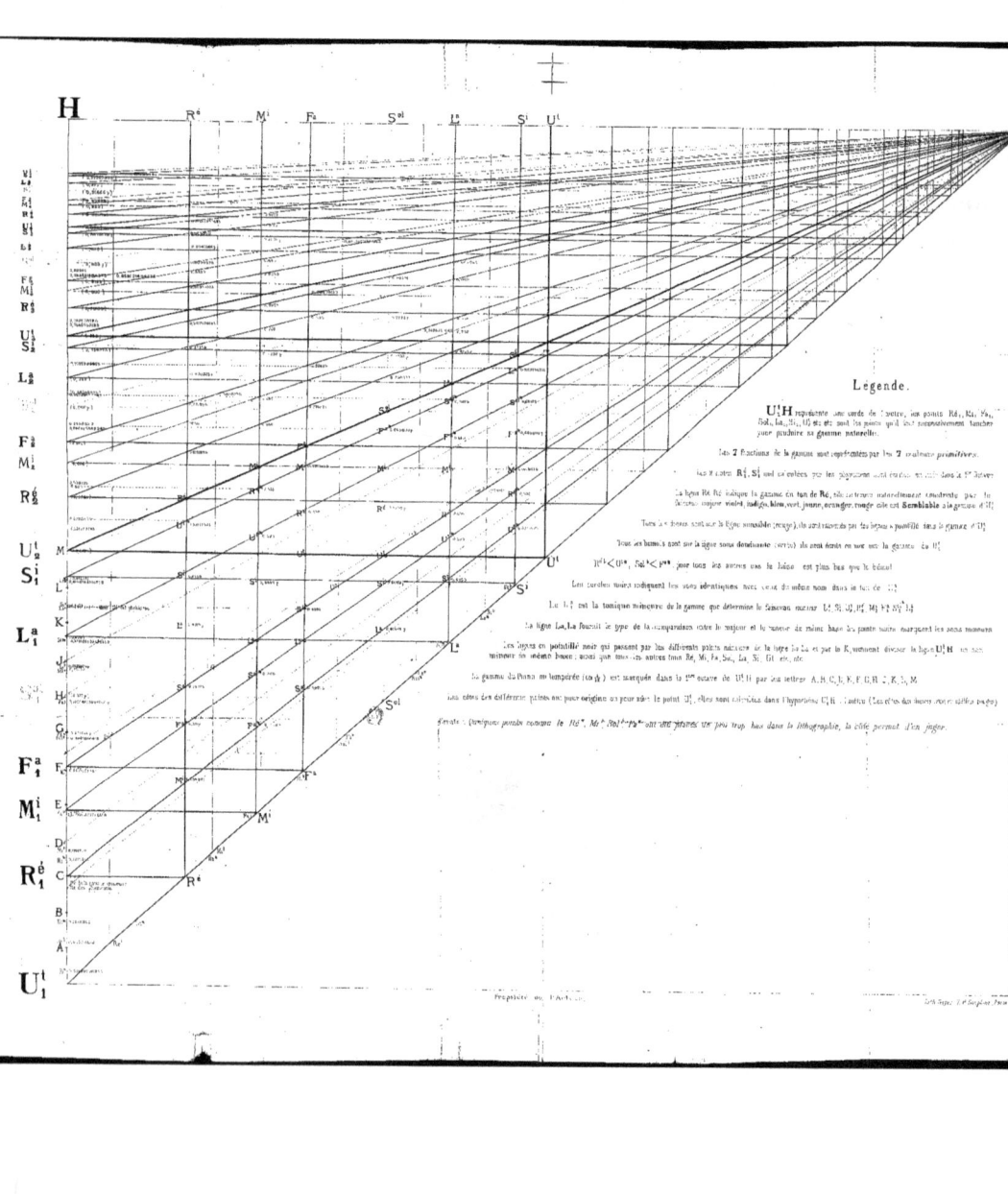

www.ingramcontent.com/pod-product-compliance
Lightning Source LLC
Chambersburg PA
CBHW060556050426
42451CB00011B/1942